NOVENA AO BEM-AVENTURADO
DONIZETTI

Pe. Agnaldo José

NOVENA AO BEM-AVENTURADO DONIZETTI

Paulinas

Dados Internacionais de Catalogação na Publicação (CIP)
Angélica Ilacqua CRB-8/7057

Santos, Agnaldo José dos, 1967-
  Novena ao Bem-aventurado Donizetti / Pe. Agnaldo José. – São Paulo : Paulinas, 2023.
  40 p. (Confia em Deus)

  ISBN 978-65-5808-206-4

  1. Lima, Donizetti Tavares de, sacerdote, 1882-1961 – Orações e devoções 2. Lima, Donizetti Tavares de, sacerdote, 1882-1961 – Novena 3. Milagres 4. Vida cristã I. Título II. Série

23-0079   CDD 242.76

Índice para catálogo sistemático:

1. Padre Donizetti – Novena

1ª edição – 2023
1ª reimpressão – 2024

Direção-geral: *Ágda França*
Editora responsável: *Marina Mendonça*
Copidesque: *Ana Cecilia Mari*
Coordenação de revisão: *Marina Mendonça*
Revisão: *Sandra Sinzato*
Gerente de produção: *Felício Calegaro Neto*
Capa e diagramação: *Tiago Filu*

Nenhuma parte desta obra poderá ser reproduzida ou transmitida por qualquer forma e/ou quaisquer meios (eletrônico ou mecânico, incluindo fotocópia e gravação) ou arquivada em qualquer sistema ou banco de dados sem permissão escrita da Editora. Direitos reservados.

Cadastre-se e receba nossas informações
paulinas.com.br
Telemarketing e SAC: 0800-7010081

Paulinas
Rua Dona Inácia Uchoa, 62
04110-020 – São Paulo – SP (Brasil)
📞 (11) 2125-3500
✉ editora@paulinas.com.br
© Pia Sociedade Filhas de São Paulo – São Paulo, 2023

Apresentação

Nossa vocação primeira é a santidade, dom de Deus que nos foi confiado no Batismo. Com o reconhecimento da vida de santidade de um batizado, a Igreja o propõe à nossa edificação, imitação e intercessão. A santidade e heroicidade das virtudes do Bem-aventurado Donizetti, declarada no dia 10 de outubro de 2017 pelo Papa Francisco, o fez "Venerável". Isto significa que ele viveu, em grau heroico, as virtudes teologais da fé, esperança e caridade; as virtudes cardeais da fortaleza, temperança, justiça e prudência, e as virtudes anexas da humildade, pobreza, castidade e obediência.

A vida de um santo é um grande milagre, um sinal que Deus nos dá.

O Papa Francisco decretou a sua beatificação, que aconteceu em 23 de novembro de 2019, em Tambaú (SP), pelo Cardeal Ângelo Becciu. Nossa diocese, bem como seus devotos, reza agora pela sua canonização. Todo dia 16 de cada mês, celebramos sua memória, data de sua entrada no céu, ocorrida em 16 de junho de 1961.

Padre Agnaldo José deseja, com esta novena, nos ajudar a rezar, apresentando, através de meditações, a vida de santidade do Bem-aventurado Donizetti. Por sua intercessão, e, em especial, pelas bênçãos que distribui, os fiéis têm alcançado muitas graças e milagres. Mas ele atribuiu isso a Nossa Senhora Aparecida, que, como Mãe do seu Divino Filho, a ele sempre recorre em nosso favor.

Que possamos, por meio desta novena, alcançar as graças de que mais precisamos. E, sobretudo, que cresçamos sempre mais no amor a Deus e aos irmãos, a exemplo do nosso "Apóstolo da Acolhida".

Dom Antonio Emidio Vilar, sdb

O menino dos cabelos compridos

Em casa, somos cinco irmãos. Quando meus pais se casaram, minha mãe logo ficou grávida. Nasci em junho de 1967. No ano seguinte, no dia 24 de julho, nasceu meu primeiro irmãozinho, que recebeu o nome de Reginaldo. Minha mãe contou-me que, em um certo dia, ele amanheceu com febre e chorando muito. Perto de nossa casa havia a famosa "Farmácia do Zizico", que atendia todo mundo que se encontrava doente. O povo da pequena Santa Cruz da Esperança (SP), quando percebia que o problema era mais grave, procurava os hospitais da região. Ao ver a situação do pequeno Reginaldo, o farmacêutico, experiente, alertou minha mãe para que o levasse para Ribeirão Preto.

Meus pais, sem perda de tempo, foram com meu irmão para a cidade grande e ele foi internado no hospital, permanecendo em um quarto isolado. Minha mãe ficava muito triste, vendo-o naquela situação, entre a vida e a morte. "Os médicos não davam muita esperança. Eu chegava perto do vidro da Pediatria e o menino ficava agitado, gritava, estendia as mãozinhas, querendo ir embora", contou minha mãe. E continuou: "Esse sofrimento já durava três dias, até que, sem saber mais o que fazer e a quem recorrer, fui para o jardim do hospital, sentei-me em um banco de madeira, juntei as mãos, olhei para o céu e rezei ao Padre Donizetti e a Nossa Senhora Aparecida, para que fizessem um milagre na vida do Reginaldo. E prometi: deixaria seus cabelos crescerem até os sete anos. Depois, iria cortá-los e levá-los ao santuário, em Tambaú (SP), para serem colocados na sala dos milagres. E Deus ouviu minhas preces. No dia seguinte, Reginaldo estava em meu colo, voltando para casa totalmente curado. Como havia prometido, deixei seus cabelos crescerem. No dia do seu aniversário de sete anos, nós cortamos seus cabelos e os levamos a Tambaú, agradecendo ao Padre Donizetti e a Virgem Aparecida por terem colocado meu pedido no coração de Jesus".

A Bíblia nos ensina que os pensamentos de Deus não são como os nossos, assim como seus caminhos também. O tempo passou. Reginaldo se casou, tornou-se pai e agora já é vovô de uma linda jovem. Eu me tornei presbítero da Igreja e, no dia 25 de janeiro de 2021, recebi o chamado do bispo de minha diocese para assumir uma nova missão. Depois de vinte e um anos anunciando a alegria do Evangelho na Paróquia Nossa Senhora das Dores, em Casa Branca (SP), estava sendo enviado para Tambaú (SP), ao Santuário Nossa Senhora Aparecida e Padre Donizetti, que fora beatificado em 23 de novembro de 2019. Estou nesse lugar sagrado desde o dia 9 de fevereiro de 2021, acolhendo os romeiros que vêm ao santuário para agradecer as tantas bênçãos recebidas e pedir a intercessão da Padroeira do Brasil e do Apóstolo da Acolhida. Meus pais não puderam participar da missa na qual tomei posse como vigário paroquial, por causa da pandemia da Covid-19, mas acompanharam tudo, muito emocionados, através do YouTube. Foi uma noite longa, de expectativas, lágrimas, risos, encontro com os amigos e com o povo tambauense.

Nesse dia, antes de fazer minhas orações para dormir, verifiquei o WhatsApp. Havia recebido muitas mensagens. Como estava cansado, li apenas o texto que minha mãe escrevera, cumprimentando-me: "Filho, estou muito feliz. Jamais imaginei que isso pudesse acontecer. Faça tudo com muito amor e não se esqueça de cuidar direitinho da sala dos milagres, pois lá, em algum lugar, estão guardados os cabelos de seu irmão".

Pe. Agnaldo José

Bem-aventurado Donizetti

Donizetti nasceu em Cássia (MG), no dia 3 de janeiro de 1882, filho de Tristão Tavares de Lima e Francisca Cândida Tavares de Lima. Seu nome foi escolhido em homenagem ao músico italiano Gaetano Donizetti (1797-1848). Foi batizado no dia 22 de janeiro, na Paróquia Santa Rita de Cássia. Em 1886, a família deixou Minas Gerais e se mudou para a cidade de Franca, no Estado de São Paulo.

O jovem revelava grande talento musical. Com dezoito anos já era professor de música no Seminário Episcopal de São Paulo e estudava na Faculdade de Direito do Largo São Francisco. Entretanto, Donizetti não estava feliz com as ciências jurídicas. Seu coração desejava o sacerdócio e, assim, aos vinte e um anos, passou a cursar Filosofia no Seminário de São Paulo. Em fevereiro de 1905, Dom João Baptista Corrêa Nery, bispo de Pouso Alegre (MG), que já o conhecia e o admirava, convidou-o para concluir os estudos na sua diocese. Foi incardinado em 1906, ordenado diácono em 1907 e tornou-se presbítero em 12 de julho de 1908. Nesse dia, fez voto de pobreza.

Padre Donizetti permaneceu apenas cinco meses na Diocese de Pouso Alegre (MG), pois Dom Nery, ao ser transferido para a Diocese de Campinas (SP), convidou-o para acompanhá-lo nessa nova missão. Aceitou, sendo nomeado vigário da Paróquia Santa Maria, em Jaguariúna (SP). Em abril de 1909, assumiu a matriz Santana, em Vargem Grande do Sul (SP), desenvolvendo excelente trabalho pastoral e, inclusive, enfrentando perseguições. Depois de dezessete anos dedicando-se à evangelização dos vargengrandenses, Padre Donizetti foi enviado pelo bispo de Ribeirão Preto (SP), Dom Alberto José Gonçalves, para a cidade de Tambaú, chegando na Paróquia Santo Antônio em 12 de junho de 1926. Ali, ficou até a sua páscoa para o céu, que se deu às 11h15 da manhã do dia 16 de junho de 1961.

Antes das grandes romarias que aconteceram em Tambaú, entre maio de 1954 e maio de 1955, Padre Donizetti já era admirado pelos tambauenses, sobretudo, pelo seu trabalho social com crianças, jovens, idosos e operários. Também pela força de sua fé, acompanhada de sinais. Dois fatos sobre ele ficaram famosos, ambos ligados à sua devoção a Nossa Senhora Aparecida, que dizia ter recebido através do "leite materno" de Dona Chiquinha: o "milagre da chuva", por ocasião da chegada da imagem da Virgem Maria vinda de Aparecida (SP), e o "incêndio da matriz", quando, corajosamente, com a Igreja em chamas e vendo tudo destruído, correu até o altar, abaixou-se e pegou, no meio das cinzas, a Imaculada Conceição Aparecida, intacta, apenas com seu manto branco, com enfeites dourados, chamuscado pela fumaça.

O tempo passava e Tambaú ia se transformando na "Capital da Fé" ou na "Cidade dos Milagres". Em apenas um ano, recebeu cerca de três milhões de peregrinos, sendo duzentos mil em um só dia. Nesse período, ficaram famosos alguns milagres realizados por Deus através da bênção do Padre Donizetti com a imagem de Nossa Senhora Aparecida: o vendedor de vinho de Poços de Caldas (MG), o milagre da corrente, a cura do menino Braguinha, a velha milionária e a cura da gagueira de Joelmir Beting, que se tornou um dos mais conhecidos jornalistas do

Brasil. Com todos esses fatos extraordinários acontecendo e a cidade se tornando um "formigueiro humano", sem condições de acolher tanta gente, Padre Donizetti, obedecendo à ordem do bispo diocesano, concedeu sua última bênção no dia 30 de maio de 1955, em frente à casa paroquial, diante da qual se aglomerou grande multidão. Nesse dia especial, aviões vindos de São Paulo derramaram uma "chuva de pétalas de rosas" sobre a cidade.

O processo de sua beatificação iniciou-se em 1991, com um pedido feito pela Câmara Municipal de Tambaú ao bispo diocesano, Dom Dadeus Grings. A abertura oficial se deu em 21 de fevereiro de 1992. Em 1996, Padre Donizetti se tornou "Servo de Deus". Em 2017, "Venerável" e, em 23 de novembro de 2019, foi beatificado, passando a ser chamado carinhosamente de "Apóstolo da Acolhida". O milagre que o levou à honra dos altares aconteceu na cidade de Casa Branca (SP), com a cura de Bruno Henrique Arruda de Oliveira. O menino nasceu com uma deformidade congênita nos membros inferiores, chamada de pé torto congênito bilateral. Sua mãe, Margarete Rosilene Arruda de Oliveira, pediu a intercessão do Padre Donizetti, em um momento de muita aflição, em que acompanhava as dores e o sofrimento de seu filho, e a cura foi instantânea, completa e duradoura, algo inexplicável para a medicina.

Atualmente, a Diocese de São João da Boa Vista (SP) trabalha no processo de canonização do Bem-aventurado Donizetti.

1º DIA

Presente de Deus

Em nome do Pai, e do Filho, e do Espírito Santo. Amém.

"Antes de formar-te no ventre materno, eu te conheci; antes de saíres do seio de tua mãe, eu te consagrei e te fiz profeta das nações. Não tenhas medo, pois estou contigo para defender-te" (Jr 1,5.8).

O nome "Donizetti" significa "presente de Deus", que foi quem o enviou ao mundo com a missão de ser sinal visível de sua misericórdia, bondade e providência.

O Bem-aventurado Donizetti ensinava às pessoas que elas eram preciosas aos olhos de Deus, que ele as amava infinitamente.

Que possamos, por sua intercessão, valorizar nossa vida, fazendo de nossos pequenos gestos verdadeiros presentes de Deus para nossa família e nossos irmãos.

Oremos: Ó Deus, luz dos que creem e pastor de nossas almas, vós que colocastes o Bem-aventurado Donizetti Tavares de Lima à

frente da vossa Igreja, para formar os fiéis pela palavra e pelo exemplo, concedei-nos, por sua intercessão, guardar a fé que ele ensinou pela palavra e seguir o caminho que mostrou com sua vida. Por Nosso Senhor Jesus Cristo, vosso Filho, na unidade do Espírito Santo. Amém.

Pai nosso...
Ave, Maria...
Glória...

2º DIA

Mensageiro da alegria

Em nome do Pai, e do Filho, e do Espírito Santo. Amém.

"Alegrai-vos sempre no Senhor; eu repito, alegrai-vos. Que a vossa bondade seja conhecida de todos os homens! O Senhor está próximo! Não vos inquieteis com coisa alguma, mas apresentai as vossas necessidades a Deus, em orações e súplicas, acompanhadas de ação de graças" (Fl 4,4-6).

O Bem-aventurado Donizetti era apaixonado por música. Tocava piano, cantava, dava aulas aos jovens e costumava louvar ao Senhor pelas muitas bênçãos que foram derramadas em sua vida. A alegria do Senhor era sua força.

Que possamos, por sua intercessão, cantar, agradecer e bendizer o Senhor, mesmo enfrentando a dor e o sofrimento.

Oremos: Ó Deus, luz dos que creem e pastor de nossas almas, vós que colocastes o Bem-aventurado Donizetti Tavares de Lima à

frente da vossa Igreja, para formar os fiéis pela palavra e pelo exemplo, concedei-nos, por sua intercessão, guardar a fé que ele ensinou pela palavra e seguir o caminho que mostrou com sua vida. Por Nosso Senhor Jesus Cristo, vosso Filho, na unidade do Espírito Santo. Amém.

Pai nosso...
Ave, Maria...
Glória...

3º DIA

Servidor dos pobres

Em nome do Pai, e do Filho, e do Espírito Santo. Amém.

"Jesus veio à cidade de Nazaré. Entrou na sinagoga no sábado, e levantou-se para fazer a leitura. 'O Espírito do Senhor está sobre mim, porque ele me consagrou com a unção para anunciar a Boa-nova aos pobres'" (Lc 4,16-18).

O Bem-aventurado Donizetti, no dia de sua ordenação presbiteral, fez voto de pobreza. Não possuía bens materiais; sua riqueza eram as coisas do céu. Amava e servia os pobres, vendo em cada sofredor o rosto do próprio Jesus Cristo.

Que sejamos, por sua intercessão, solidários com nossos irmãos mais necessitados, vendo neles a presença de Jesus Cristo Crucificado.

Oremos: Ó Deus, luz dos que creem e pastor de nossas almas, vós que colocastes o Bem-aventurado Donizetti Tavares de Lima à frente da vossa Igreja, para formar os fiéis pela

palavra e pelo exemplo, concedei-nos, por sua intercessão, guardar a fé que ele ensinou pela palavra e seguir o caminho que mostrou com sua vida. Por Nosso Senhor Jesus Cristo, vosso Filho, na unidade do Espírito Santo. Amém.

Pai nosso...
Ave, Maria...
Glória...

4º DIA

Exemplo de perseverança

Em nome do Pai, e do Filho, e do Espírito Santo. Amém.

"Jesus entrou na barca, e seus discípulos o acompanharam. E eis que houve uma grande tempestade no mar, de modo que a barca estava sendo coberta pelas ondas. Os discípulos disseram-lhe: 'Senhor, salva-nos, pois estamos perecendo!' Então, Jesus ameaçou os ventos e o mar, e fez-se uma grande calmaria" (Mt 8,23-25.26).

O Bem-aventurado Donizetti, em várias situações de sua vida, foi perseguido e incompreendido, mas manteve sua confiança inabalável em Deus, dizendo "sim" ao Senhor todos os dias, mesmo em meio a tempestades.

Por sua intercessão, que sejamos fortes e corajosos nos momentos de tribulação.

Oremos: Ó Deus, luz dos que creem e pastor de nossas almas, vós que colocastes o Bem-aventurado Donizetti Tavares de Lima à frente da vossa Igreja, para formar os fiéis pela

palavra e pelo exemplo, concedei-nos, por sua intercessão, guardar a fé que ele ensinou pela palavra e seguir o caminho que mostrou com sua vida. Por Nosso Senhor Jesus Cristo, vosso Filho, na unidade do Espírito Santo. Amém.

Pai nosso...
Ave, Maria...
Glória...

5º DIA

Arauto da acolhida

Em nome do Pai, e do Filho, e do Espírito Santo. Amém.

"Jesus foi para o outro lado do mar da Galileia, também chamado de Tiberíades. Uma grande multidão o seguia, porque via os sinais que ele operava a favor dos doentes. Levantando os olhos, e vendo que uma grande multidão estava vindo ao seu encontro, disse a Filipe: 'Onde vamos comprar pão para que eles possam comer?'" (Jo 6,1-2.5).

O Bem-aventurado Donizetti, na pequena cidade de Tambaú, acolhia milhares de pessoas que vinham a seu encontro. Ele procurava aliviar seus sofrimentos, assim como o bom pastor que cuida das suas ovelhas. Na sua última bênção, no dia 30 de maio de 1955, estavam presentes na Praça dos Milagres cerca de duzentas mil pessoas.

Por sua intercessão, que tenhamos os braços e o coração abertos àqueles que o Senhor colocar no nosso caminho.

Oremos: Ó Deus, luz dos que creem e pastor de nossas almas, vós que colocastes o Bem-aventurado Donizetti Tavares de Lima à frente da vossa Igreja, para formar os fiéis pela palavra e pelo exemplo, concedei-nos, por sua intercessão, guardar a fé que ele ensinou pela palavra e seguir o caminho que mostrou com sua vida. Por Nosso Senhor Jesus Cristo, vosso Filho, na unidade do Espírito Santo. Amém.

Pai nosso...
Ave, Maria...
Glória...

6º DIA

Sentinela da fé

Em nome do Pai, e do Filho, e do Espírito Santo. Amém.

"Jesus disse a seus discípulos: 'Quem acredita em mim fará as obras que eu faço, e fará ainda maiores do que estas. Pois eu vou para o Pai, e o que pedirdes em meu nome, eu o realizarei'" (Jo 14,12-13).

O Bem-aventurado Donizetti ensinava: "Para quem não crê em Deus, nenhuma explicação é possível; mas, para quem crê, nenhuma explicação é necessária". Jesus agia através de suas mãos, tocando, curando, libertando. O impossível acontecia, pois o povo acreditava no poder e na força de sua oração e porque Deus estava com ele.

Que possamos, por sua intercessão, testemunhar nossa fé e crer na presença de Deus agindo na nossa vida.

Oremos: Ó Deus, luz dos que creem e pastor de nossas almas, vós que colocastes o Bem-aventurado Donizetti Tavares de Lima à

frente da vossa Igreja, para formar os fiéis pela palavra e pelo exemplo, concedei-nos, por sua intercessão, guardar a fé que ele ensinou pela palavra e seguir o caminho que mostrou com sua vida. Por Nosso Senhor Jesus Cristo, vosso Filho, na unidade do Espírito Santo. Amém.

Pai nosso...
Ave, Maria...
Glória...

Oremos: Ó Deus, luz dos que creem e pastor de nossas almas, vós que colocastes o Bem-aventurado Donizetti Tavares de Lima à frente da vossa Igreja, para formar os fiéis pela palavra e pelo exemplo, concedei-nos, por sua intercessão, guardar a fé que ele ensinou pela palavra e seguir o caminho que mostrou com sua vida. Por Nosso Senhor Jesus Cristo, vosso Filho, na unidade do Espírito Santo. Amém.

Pai nosso...
Ave, Maria...
Glória...

8º DIA

Padre da bênção

Em nome do Pai, e do Filho, e do Espírito Santo. Amém.

"O Senhor falou a Moisés, dizendo: 'Fala a Aarão e a seus filhos: Ao abençoar os filhos de Israel, dizei-lhes. 'O Senhor te abençoe e te guarde! O Senhor faça brilhar sobre ti a sua face, e se compadeça de ti! O Senhor volte para ti o seu rosto e te dê a paz'. Assim invocarão o meu nome sobre os filhos de Israel e eu os abençoarei!'" (Nm 6,22-27).

O Bem-aventurado Donizetti abençoava os romeiros que vinham a Tambaú, através de um simples gesto: com a mão direita estendida em direção ao povo e com a esquerda no coração, pronunciava palavras de vida eterna. Assim, Deus ouvia o clamor de seus filhos, curava e realizava os milagres.

Que sejamos, por sua intercessão, também uma bênção na vida de nossos irmãos.

palavra e pelo exemplo, concedei-nos, por sua intercessão, guardar a fé que ele ensinou pela palavra e seguir o caminho que mostrou com sua vida. Por Nosso Senhor Jesus Cristo, vosso Filho, na unidade do Espírito Santo. Amém.

Pai nosso...
Ave, Maria...
Glória...

7º DIA

Mestre na obediência

Em nome do Pai, e do Filho, e do Espírito Santo. Amém.

"Chegados a um lugar chamado Getsêmani, Jesus disse: 'Abbá, Pai! Tudo te é possível: Afasta de mim este cálice! Contudo, não seja feito o que eu quero, mas sim o que tu queres'" (Mc 14,32.36).

O Bem-aventurado Donizetti foi obediente a seus pais na infância, bem como a seus formadores no seminário e a seus superiores hierárquicos. Ouvia e praticava todos os dias a Palavra de Deus na oração, assim como realizava boas obras.

Que, por sua intercessão, todos os dias procuremos colocar a divina vontade do Pai em primeiro lugar, e não a nossa tão frágil e pecadora vontade humana.

Oremos: Ó Deus, luz dos que creem e pastor de nossas almas, vós que colocastes o Bem-aventurado Donizetti Tavares de Lima à frente da vossa Igreja, para formar os fiéis pela

9º DIA

Filho da Virgem Maria

Em nome do Pai, e do Filho, e do Espírito Santo. Amém.

"Naqueles dias, Maria entrou na casa de Zacarias e cumprimentou Isabel [...]. A criança pulou no seu ventre e Isabel ficou cheia do Espírito Santo. Com um grande grito exclamou: 'Bendita és tu entre as mulheres e bendito é o fruto do teu ventre!'" (Lc 1,40-41).

O Bem-aventurado Donizetti e Nossa Senhora Aparecida eram inseparáveis. "Minha devoção a Nossa Senhora Aparecida foi transmitida desde o leite materno, pela minha saudosa e santa mãe". Dizia também: "Eu não faço milagre, apenas peço a Virgem Maria e ela me atende!".

Que Nossa Senhora Aparecida, ornada pelo Padre Donizetti com um lindo manto branco, incendeie nosso coração com o fogo do Espírito Santo e nos dê a paz.

Oremos: Ó Deus, luz dos que creem e pastor de nossas almas, vós que colocastes o Bem-aventurado Donizetti Tavares de Lima à frente da vossa Igreja, para formar os fiéis pela palavra e pelo exemplo, concedei-nos, por sua intercessão, guardar a fé que ele ensinou pela palavra e seguir o caminho que mostrou com sua vida. Por Nosso Senhor Jesus Cristo, vosso Filho, na unidade do Espírito Santo. Amém.

Pai nosso...
Ave, Maria...
Glória...

Consagração a Nossa Senhora Aparecida

Ó Maria Santíssima, pelos méritos de Nosso Senhor Jesus Cristo, em vossa querida imagem de Aparecida, espalhais inúmeros benefícios sobre todo o Brasil. Eu, embora indigno de pertencer ao número de vossos filhos e filhas, mas cheio do desejo de participar dos benefícios de vossa misericórdia, prostrado a vossos pés, consagro-vos o meu entendimento, para que sempre pense no amor que mereceis; consagro-vos a minha língua, para que sempre vos louve e propague a vossa devoção; consagro-vos o meu coração, para que, depois de Deus, vos ame sobre todas as coisas.

Recebei-me, ó Rainha incomparável, vós que o Cristo crucificado nos deu por Mãe, no ditoso número de vossos filhos e filhas; acolhei-me debaixo de vossa proteção; socorrei-me em todas as minhas necessidades, espirituais e temporais, sobretudo na hora de minha morte.

Abençoai-me, ó celestial cooperadora, e, com vossa poderosa intercessão, fortalecei-me em minha fraqueza, a fim de que, servindo-vos fielmente nesta vida, possa louvar-vos, amar-vos e dar-vos graças no céu, por toda a eternidade. Amém.

Hino ao Bem-aventurado Donizetti

(Pe. Zezinho, scj / Pe. Joãozinho, scj)

Um sacerdote caminhou entre nós,
Jesus falou por sua voz!
Bem-aventurado Donizetti,
tão humano e tão fiel,
lá do céu, rogai por nós.

Grande pregador popular, amado pelo povo:
vem nos falar de Jesus. Fala-nos de novo.
"Para aquele que não crê em Deus,
nenhuma explicação é suficiente.
Mas, para aquele que crê,
nenhuma explicação é necessária".
Bem-aventurado Donizetti, rogai por nós.

O Bom Pastor das ovelhas cuidou,
deu a vida e ajudou.
Bem-aventurado Donizetti,
tão humano e tão fiel,
lá do céu, rogai por nós.

O profeta de Deus por aqui passou,
veio e nos ensinou.
Bem-aventurado Donizetti,
tão humano e tão fiel,
lá do céu, rogai por nós.

Rua Dona Inácia Uchoa, 62
04110-020 – São Paulo – SP (Brasil)
Tel.: (11) 2125-3500
paulinas.com.br – editora@paulinas.com.br
Telemarketing e SAC: 0800-7010081